CSS Multi-Column Layout

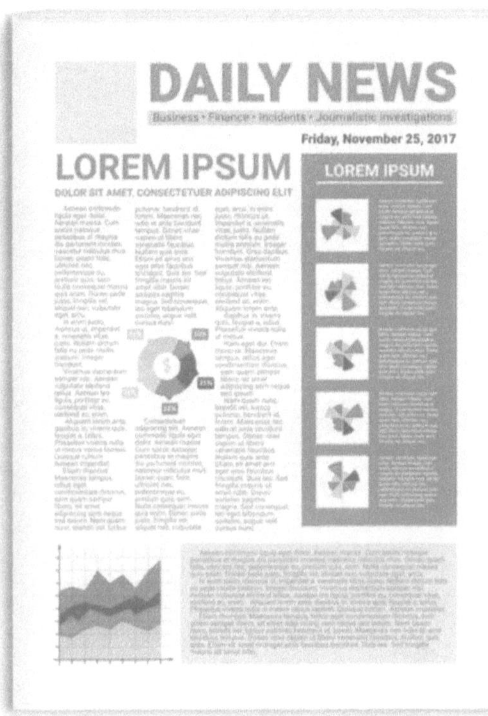

Abdelfattah Ragab

CSS Multi-Column Layout

Abdelfattah Ragab

Introduction

Welcome to the book "CSS Multi-Column Layout". In this book I will explain how you can use the Multi-Column Layout module. It is the third layout module after the Grid and Flex layout. The multi-column layout is specifically used for newspapers and magazines to create elegant and responsive columns where the content automatically fills the columns.

You will learn how to create the columns and how to set the properties of rules, span, column breaks, etc...

By the end of this book, you will have full control over the multi-column layout and be able to master all possible scenarios.

Let's go!

key concepts

CSS3 Multi-column Layout is a feature that allows you to create a text layout with multiple columns, similar to a newspaper or a magazine. It provides a way to divide content into multiple columns, making it easier to read and navigate through lengthy text. Here's an overview of CSS3 Multi-column Layout and its key concepts:

Creating Multi-column Layout

- To create a multi-column layout, you need to apply the column-count property to the container element.
- Specify the number of columns you want by setting the value of column-count to an integer.
- Alternatively, you can use the column-width property to set the desired width of each column. The number of columns will be determined automatically based on the available space.

Column Gap

- The column-gap property is used to define the space between columns.
- You can set the value to a length (e.g., 10px) or a percentage (e.g., 5%).
- By default, the browser determines the appropriate gap size.

Column Rules

- You can add a rule (line) between columns using the column-rule property.
- The column-rule property sets the width, style, and color of the rule.
- This can help visually separate columns.

Column Span

- The column-span property allows an element to span across multiple columns.
- By setting column-span: all;, an element can span the full width of the multi-column layout.

- However, note that not all browsers support column spanning.

Column Fill

- The column-fill property controls how content is distributed across columns.
- By default, content is balanced evenly across columns (column-fill: balance;).
- Alternatively, you can use column-fill: auto; to let content flow naturally and potentially create unequal column heights.

Column Breaks

- CSS3 Multi-column Layout automatically handles column breaks based on available space.
- You can control how column breaks occur using the break-before, break-after, and break-inside properties.
- These properties allow you to specify whether column breaks are allowed before or after an element or within an element.

CSS3 Multi-column Layout provides an effective way to organize text content into multiple columns, improving readability and user experience. It's particularly useful for presenting articles, blog posts, and other text-heavy content. By applying the appropriate properties, you can customize the column count, gap, rules, and spanning to create visually appealing and well-structured multi-column layouts.

The CSS multi-column layout module lets you divide content across multiple columns.

column-count

The column-count property specifies the number of columns an element should be divided into.

Values

- auto
- number

auto

Default value. The number of columns is determined by other properties, such as column-width

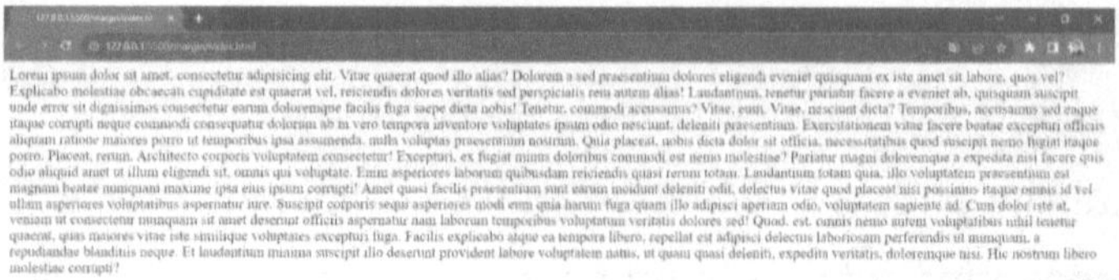

```html
<style>
  .wrapper {
    font-size: 20px;
    column-count: auto;
  }
</style>
<div class="wrapper">
  <p>
    Lorem ipsum dolor sit amet, consectetur
adipisicing elit. Vitae quaerat quod
    illo alias? Dolorem a sed praesentium
dolores eligendi eveniet quisquam ex
    iste amet sit labore, quos vel? Explicabo
molestiae obcaecati cupiditate est
    quaerat vel, reiciendis dolores veritatis
sed perspiciatis rem autem alias!
```

Laudantium, tenetur pariatur facere a
eveniet ab, quisquam suscipit unde

error sit dignissimos consectetur earum
doloremque facilis fuga saepe dicta

nobis! Tenetur, commodi accusamus? Vitae,
eum. Vitae, nesciunt dicta?

Temporibus, accusamus sed eaque itaque
corrupti neque commodi consequatur

dolorum ab in vero tempora inventore
voluptates ipsum odio nesciunt,

deleniti praesentium. Exercitationem vitae
facere beatae excepturi officiis

aliquam ratione maiores porro ut temporibus
ipsa assumenda, nulla voluptas

praesentium nostrum. Quia placeat, nobis
dicta dolor sit officia,

necessitatibus quod suscipit nemo fugiat
itaque porro. Placeat, rerum.

Architecto corporis voluptatem consectetur!
Excepturi, ex fugiat minus

doloribus commodi est nemo molestiae?
Pariatur magni doloremque a expedita

nisi facere quis odio aliquid amet ut illum
eligendi sit, omnis qui

voluptate. Enim asperiores laborum
quibusdam reiciendis quasi rerum totam.

Laudantium totam quia, illo voluptatem
praesentium est magnam beatae numquam

maxime ipsa eius ipsum corrupti! Amet quasi
facilis praesentium sunt earum

incidunt deleniti odit, delectus vitae quod
placeat nisi possimus itaque

omnis id vel ullam asperiores voluptatibus
aspernatur iure. Suscipit

corporis sequi asperiores modi eum quia
harum fuga quam illo adipisci

aperiam odio, voluptatem sapiente ad. Cum
dolor iste at, veniam ut

consectetur numquam sit amet deserunt
officiis aspernatur nam laborum

temporibus voluptatum veritatis dolores
sed! Quod, est, omnis nemo autem

voluptatibus nihil tenetur quaerat, quas
maiores vitae iste similique

voluptates excepturi fuga. Facilis
explicabo atque ea tempora libero,

repellat est adipisci delectus laboriosam
perferendis ut numquam, a

repudiandae blanditiis neque. Et laudantium
minima suscipit illo deserunt

provident labore voluptatem natus, ut quam
quasi deleniti, expedita

```
          veritatis, doloremque nisi. Hic nostrum
libero molestiae corrupti?
  </p>
</div>
```

```
 1  <style>
 2    .wrapper {
 3      font-size: 20px;
 4      column-count: auto;
 5    }
 6  </style>
 7  <div class="wrapper">
 8    <p>
 9      Lorem ipsum dolor sit amet, consectetur adipisicing elit. Vitae quaerat quod
10      illo alias? Dolorem a sed praesentium dolores eligendi eveniet quisquam ex
11      iste amet sit labore, quos vel? Explicabo molestiae obcaecati cupiditate est
12      quaerat vel, reiciendis dolores veritatis sed perspiciatis rem autem alias!
13      Laudantium, tenetur pariatur facere a eveniet ab, quisquam suscipit unde
14      error sit dignissimos consectetur earum doloremque facilis fuga saepe dicta
15      nobis! Tenetur, commodi accusamus? Vitae, eum. Vitae, nesciunt dicta?
16      Temporibus, accusamus sed eaque itaque corrupti neque commodi consequatur
17      dolorum ab in vero tempora inventore voluptates ipsa odio nesciunt,
18      deleniti praesentium. Exercitationem vitae facere beatae excepturi officiis
19      aliquam ratione maiores porro ut temporibus ipsa assumenda, nulla voluptas
20      praesentium nostrum. Quia placeat, nobis dicta dolor sit officia,
21      necessitatibus quod suscipit nemo fugiat itaque porro. Placeat, rerum.
22      Architecto corporis voluptatem consectetur! Excepturi, ex fugiat minus
23      doloribus commodi est nemo molestiae? Pariatur magni doloremque a expedita
24      nisi facere quis odio aliquid amet ut illum eligendi sit, omnis qui
25      voluptate. Enim asperiores laborum quibusdam reiciendis quasi rerum totam.
26      Laudantium totam quia, illo voluptatem praesentium est magnam beatae numquam
27      maxime ipsa eius ipsum corrupti! Amet quasi facilis praesentium sunt earum
28      incidunt deleniti odit, delectus vitae quod placeat nisi possimus itaque
29      omnis id vel ullam asperiores voluptatibus aspernatur iure. Suscipit
30      corporis sequi asperiores modi eum quia harum fuga quam illo adipisci
31      aperiam odio, voluptatem sapiente ad. Cum dolor iste at, veniam ut
32      consectetur numquam sit amet deserunt officiis aspernatur nam laborum
33      temporibus voluptatum veritatis dolores sed! Quod, est, omnis nemo autem
34      voluptatibus nihil tenetur quaerat, quas maiores vitae iste similique
35      voluptates excepturi fuga. Facilis explicabo atque ea tempora libero,
36      repellat est adipisci delectus laboriosam perferendis ut numquam, a
37      repudiandae blanditiis neque. Et laudantium minima suscipit illo deserunt
38      provident labore voluptatem natus, ut quam quasi deleniti, expedita
39      veritatis, doloremque nisi. Hic nostrum libero molestiae corrupti?
40    </p>
41  </div>
42
```

number

The optimum number of columns into which the content of the element should flow

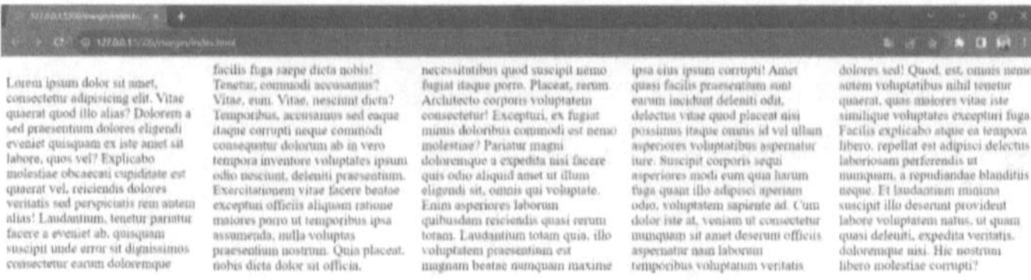

```
.wrapper {

  font-size: 20px;

  column-count: 5;

}
```

```
2  .wrapper {
3    font-size: 20px;
4    column-count: 5;
5  }
```

column-gap

The column-gap CSS property sets the size of the gap (gutter) between an element's columns.

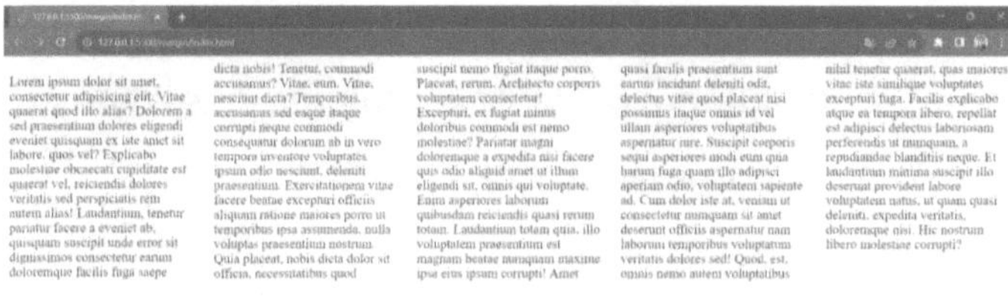

```css
.wrapper {

  font-size: 20px;

  column-count: 5;

  column-gap: 30px;

}
```

column-rule

The column-rule property sets the width, style, and color of the rule between columns.

It is a shorthand for the following CSS properties

<column-rule-width> <column-rule-style (required)>

<column-rule-color>

column-rule: <column-rule-width> <column-rule-style (required)> <column-rule-color>

Values

- <column-rule-width> <column-rule-style (required)> <column-rule-color>

3px dotted blue

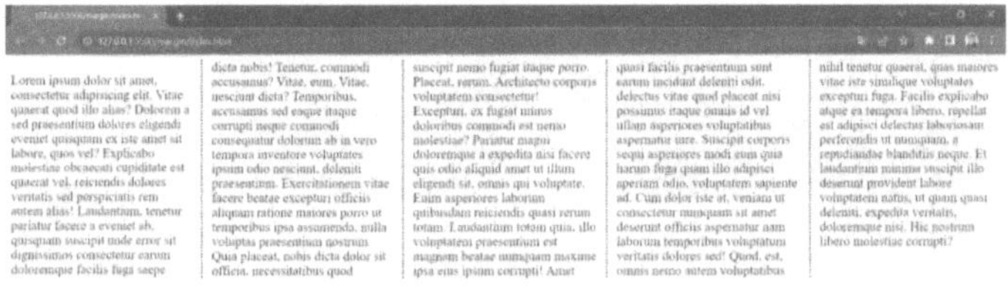

```css
.wrapper {
  font-size: 20px;
  column-count: 5;
  column-gap: 30px;
  column-rule: 3px dotted blue;
}
```

```
2    .wrapper {
3        font-size: 20px;
4        column-count: 5;
5        column-gap: 30px;
6        column-rule: 3px dotted blue;
7    }
```

column-span

The CSS property column-span allows an element to span across all columns if its value is set to all.

Values

- none
- all

none

Default value. The element should span across one column

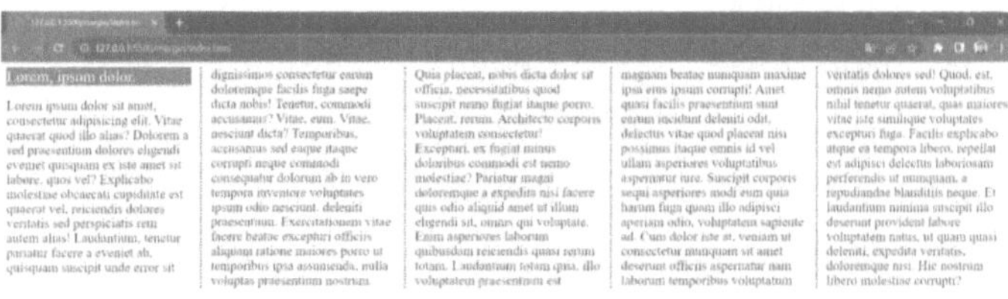

```html
<style>
  .wrapper {
    font-size: 20px;
    column-count: 5;
    column-gap: 30px;
    column-rule: 3px dotted blue;
  }
  .header {
    background-color: darkviolet;
    color: white;
    font-size: 24px;
    column-span: none;
  }
</style>
<div class="wrapper">
  <div class="header">Lorem, ipsum dolor.</div>
  <p>
    Lorem ipsum dolor sit amet, consectetur
adipisicing elit. Vitae quaerat quod
    illo alias? Dolorem a sed praesentium
dolores eligendi eveniet quisquam ex
    iste amet sit labore, quos vel? Explicabo
molestiae obcaecati cupiditate est
    quaerat vel, reiciendis dolores veritatis
sed perspiciatis rem autem alias!
```

Laudantium, tenetur pariatur facere a
eveniet ab, quisquam suscipit unde
error sit dignissimos consectetur earum
doloremque facilis fuga saepe dicta
nobis! Tenetur, commodi accusamus? Vitae,
eum. Vitae, nesciunt dicta?
Temporibus, accusamus sed eaque itaque
corrupti neque commodi consequatur
dolorum ab in vero tempora inventore
voluptates ipsum odio nesciunt,
deleniti praesentium. Exercitationem vitae
facere beatae excepturi officiis
aliquam ratione maiores porro ut temporibus
ipsa assumenda, nulla voluptas
praesentium nostrum. Quia placeat, nobis
dicta dolor sit officia,
necessitatibus quod suscipit nemo fugiat
itaque porro. Placeat, rerum.
Architecto corporis voluptatem consectetur!
Excepturi, ex fugiat minus
doloribus commodi est nemo molestiae?
Pariatur magni doloremque a expedita
nisi facere quis odio aliquid amet ut illum
eligendi sit, omnis qui
voluptate. Enim asperiores laborum
quibusdam reiciendis quasi rerum totam.

Laudantium totam quia, illo voluptatem praesentium est magnam beatae numquam

maxime ipsa eius ipsum corrupti! Amet quasi facilis praesentium sunt earum

incidunt deleniti odit, delectus vitae quod placeat nisi possimus itaque

omnis id vel ullam asperiores voluptatibus aspernatur iure. Suscipit

corporis sequi asperiores modi eum quia harum fuga quam illo adipisci

aperiam odio, voluptatem sapiente ad. Cum dolor iste at, veniam ut

consectetur numquam sit amet deserunt officiis aspernatur nam laborum

temporibus voluptatum veritatis dolores sed! Quod, est, omnis nemo autem

voluptatibus nihil tenetur quaerat, quas maiores vitae iste similique

voluptates excepturi fuga. Facilis explicabo atque ea tempora libero,

repellat est adipisci delectus laboriosam perferendis ut numquam, a

repudiandae blanditiis neque. Et laudantium minima suscipit illo deserunt

provident labore voluptatem natus, ut quam quasi deleniti, expedita

```
      veritatis, doloremque nisi. Hic nostrum
libero molestiae corrupti?
  </p>
</div>
```

```
1  <style>
2    .wrapper {
3      font-size: 20px;
4      column-count: 5;
5      column-gap: 30px;
6      column-rule: 3px dotted blue;
7    }
8    .header {
9      background-color: darkviolet;
10     color: white;
11     font-size: 24px;
12     column-span: none;
13   }
14  </style>
15  <div class="wrapper">
16    <div class="header">Lorem, ipsum dolor.</div>
17    <p>
18      Lorem ipsum dolor sit amet, consectetur adipisicing elit. Vitae quaerat quod
19      illo alias? Dolorem a sed praesentium dolores eligendi eveniet quisquam ex
20      iste amet sit labore, quos vel? Explicabo molestiae obcaecati cupiditate est
21      quaerat vel, reiciendis dolores veritatis sed perspiciatis rem autem alias!
22      Laudantium, tenetur pariatur facere a eveniet ab, quisquam suscipit unde
23      error sit dignissimos consectetur earum doloremque facilis fuga saepe dicta
24      nobis! Tenetur, commodi accusamus? Vitae, eum. Vitae, nesciunt dicta?
25      Temporibus, accusamus sed eaque itaque corrupti neque commodi consequatur
26      dolorum ab in vero tempora inventore voluptates ipsum odio nesciunt,
27      deleniti praesentium. Exercitationem vitae facere beatae excepturi officiis
28      aliquam ratione maiores porro ut temporibus ipsa assumenda, nulla voluptas
29      praesentium nostrum. Quia placeat, nobis dicta dolor sit officia,
30      necessitatibus quod suscipit nemo fugiat itaque porro. Placeat, rerum.
31      Architecto corporis voluptatem consectetur! Excepturi, ex fugiat minus
32      doloribus commodi est nemo molestiae? Pariatur magni doloremque a expedita
33      nisi facere quis odio aliquid amet ut illum eligendi sit, omnis qui
34      voluptate. Enim asperiores laborum quibusdam reiciendis quasi rerum totam.
35      Laudantium totam quia, illo voluptatem praesentium est magnam beatae numquam
36      maxime ipsa eius ipsum corrupti! Amet quasi facilis praesentium sunt earum
37      incidunt deleniti odit, delectus vitae quod placeat nisi possimus itaque
38      omnis id vel ullam asperiores voluptatibus aspernatur iure. Suscipit
39      corporis sequi asperiores modi eum quia harum fuga quam illo adipisci
40      aperiam odio, voluptatem sapiente ad. Cum dolor iste at, veniam ut
41      consectetur numquam sit amet deserunt officiis aspernatur nam laborum
42      temporibus voluptatum veritatis dolores sed! Quod, est, omnis nemo autem
43      voluptatibus nihil tenetur quaerat, quas maiores vitae iste similique
44      voluptates excepturi fuga. Facilis explicabo atque ea tempora libero,
45      repellat est adipisci delectus laboriosam perferendis ut numquam, a
46      repudiandae blanditiis neque. Et laudantium minima suscipit illo deserunt
47      provident labore voluptatem natus, ut quam quasi deleniti, expedita
48      veritatis, doloremque nisi. Hic nostrum libero molestiae corrupti?
49    </p>
50  </div>
51
```

all

The element should span across all columns

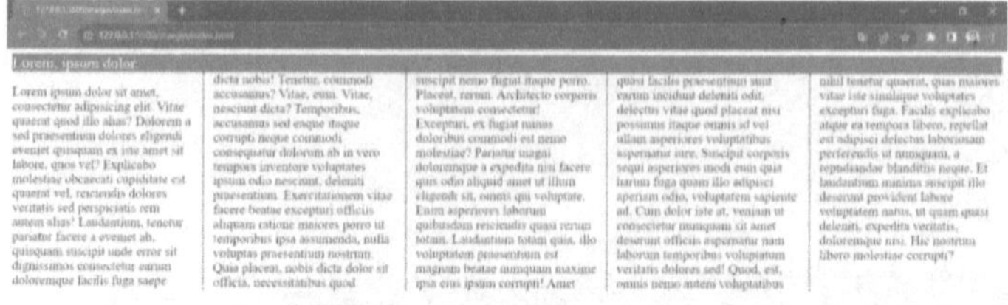

```css
.header {
    background-color: darkviolet;
    color: white;
    font-size: 24px;
    column-span: all;
}
```

```
 8   .header {
 9     background-color: darkviolet;
10     color: white;
11     font-size: 24px;
12     column-span: all;
13   }
```

column-fill

The CSS property column-fill controls how the content of an element is balanced when it is split into columns.

Values

- balance

- auto

balance

Content is equally divided between columns.

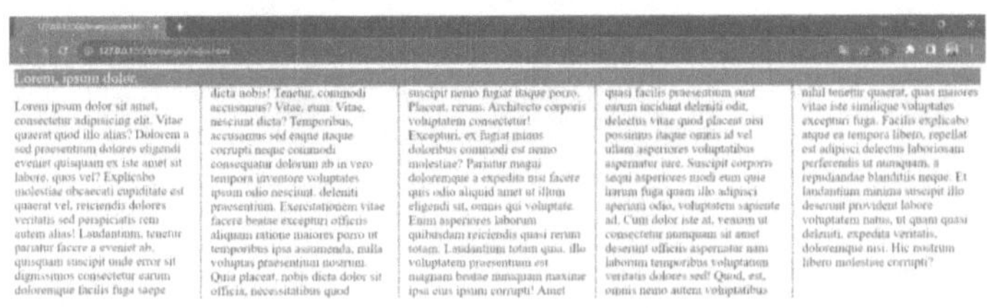

```css
.wrapper {
  font-size: 20px;
  column-count: 5;
  column-gap: 30px;
  column-rule: 3px dotted blue;
  column-fill: balance;
}
```

auto

Columns are filled sequentially.

```css
.wrapper {

  font-size: 20px;

  column-count: 5;

  column-gap: 30px;

  column-rule: 3px dotted blue;

  column-fill: auto;

}
```

Let's define a fixed height for the container and check again

balance

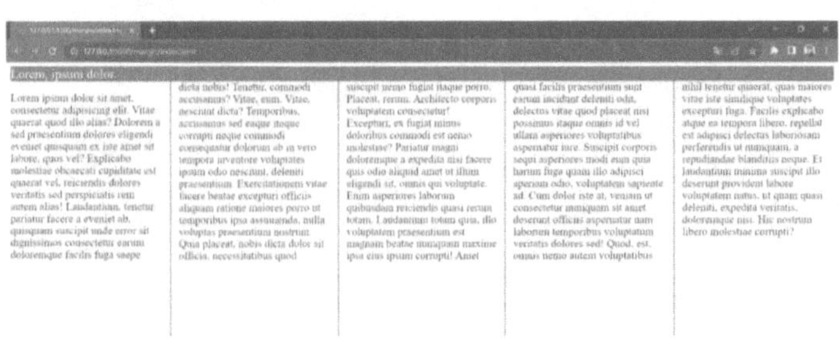

```css
.wrapper {
  font-size: 20px;
  column-count: 5;
  column-gap: 30px;
  column-rule: 3px dotted blue;
  height: 500px;
  column-fill: balance;
}
```

auto

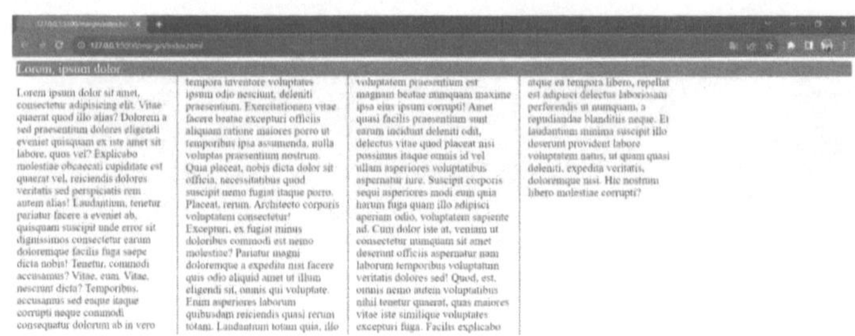

```css
.wrapper {
  font-size: 20px;
  column-count: 5;
  column-gap: 30px;
  column-rule: 3px dotted blue;
  height: 500px;
  column-fill: auto;
}
```

Column Breaks

CSS column breaks are properties that allow you to control how content is divided and displayed in multi-column layouts. They specify where columns should break, whether content should be forced to a new column or page, and how to handle column-spanning elements.

break-before

The break-before property determines whether a page break, a column break or a region break should occur before the specified element.

Values

- auto
- avoid
- always
- all
- avoid-page
- page
- avoid-column
- column

avoid

Avoid a page/column/region break before the element

```
<style>
  .wrapper {
    font-size: 20px;
    column-count: 5;
    column-gap: 30px;
    column-rule: 3px dotted blue;
    height: 500px;
    column-fill: auto;
  }
  .header {
    background-color: darkviolet;
    color: white;
    font-size: 24px;
    column-span: none;
  }
```

```css
  .title-break {
    background-color: darkviolet;
    color: white;
    font-size: 24px;
    break-before: avoid;
  }
```

```html
</style>
<div class="wrapper">
  <div class="header">Lorem, ipsum dolor.</div>
  <p>
```

Lorem ipsum dolor sit amet, consectetur
adipisicing elit. Vitae quaerat quod
illo alias? Dolorem a sed praesentium
dolores eligendi eveniet quisquam ex
iste amet sit labore, quos vel? Explicabo
molestiae obcaecati cupiditate est
quaerat vel, reiciendis dolores veritatis
sed perspiciatis rem autem alias!
Laudantium, tenetur pariatur facere a
eveniet ab, quisquam suscipit unde
error sit dignissimos consectetur earum
doloremque facilis fuga saepe dicta
nobis! Tenetur, commodi accusamus? Vitae,
eum. Vitae, nesciunt dicta?
Temporibus, accusamus sed eaque itaque
corrupti neque commodi consequatur

dolorum ab in vero tempora inventore
voluptates ipsum odio nesciunt,
deleniti praesentium. Exercitationem vitae
facere beatae excepturi officiis
aliquam ratione maiores porro ut temporibus
ipsa assumenda, nulla voluptas
praesentium nostrum. Quia placeat, nobis
dicta dolor sit officia,
necessitatibus quod suscipit nemo fugiat
itaque porro. Placeat, rerum.
<h2 class="title-break">Lorem, ipsum
dolor.</h2>

Architecto corporis voluptatem consectetur!
Excepturi, ex fugiat minus
doloribus commodi est nemo molestiae?
Pariatur magni doloremque a expedita
nisi facere quis odio aliquid amet ut illum
eligendi sit, omnis qui
voluptate. Enim asperiores laborum
quibusdam reiciendis quasi rerum totam.
Laudantium totam quia, illo voluptatem
praesentium est magnam beatae numquam
maxime ipsa eius ipsum corrupti! Amet quasi
facilis praesentium sunt earum

incidunt deleniti odit, delectus vitae quod
placeat nisi possimus itaque
omnis id vel ullam asperiores voluptatibus
aspernatur iure. Suscipit
corporis sequi asperiores modi eum quia
harum fuga quam illo adipisci
aperiam odio, voluptatem sapiente ad. Cum
dolor iste at, veniam ut
consectetur numquam sit amet deserunt
officiis aspernatur nam laborum
temporibus voluptatum veritatis dolores
sed! Quod, est, omnis nemo autem
voluptatibus nihil tenetur quaerat, quas
maiores vitae iste similique
voluptates excepturi fuga. Facilis
explicabo atque ea tempora libero,
repellat est adipisci delectus laboriosam
perferendis ut numquam, a
repudiandae blanditiis neque. Et laudantium
minima suscipit illo deserunt
provident labore voluptatem natus, ut quam
quasi deleniti, expedita
veritatis, doloremque nisi. Hic nostrum
libero molestiae corrupti?
  </p>
</div>

```html
<style>
  .wrapper {
    font-size: 20px;
    column-count: 5;
    column-gap: 30px;
    column-rule: 3px dotted blue;
    height: 500px;
    column-fill: auto;
  }
  .header {
    background-color: darkviolet;
    color: white;
    font-size: 24px;
    column-span: none;
  }
  .title-break {
    background-color: darkviolet;
    color: white;
    font-size: 24px;
    break-before: avoid;
  }
</style>
<div class="wrapper">
  <div class="header">Lorem, ipsum dolor.</div>
  <p>
    Lorem ipsum dolor sit amet, consectetur adipisicing elit. Vitae quaerat quod
    illo alias? Dolorem a sed praesentium dolores eligendi eveniet quisquam ex
    iste amet sit labore, quos vel? Explicabo molestiae obcaecati cupiditate est
    quaerat vel, reiciendis dolores veritatis sed perspiciatis rem autem alias!
    Laudantium, tenetur pariatur facere a eveniet ab, quisquam suscipit unde
    error sit dignissimos consectetur earum doloremque facilis fuga saepe dicta
    nobis! Tenetur, commodi accusamus? Vitae, eum. Vitae, nesciunt dicta?
    Temporibus, accusamus sed eaque itaque corrupti neque commodi consequatur
    dolorum ab in vero tempora inventore voluptates ipsum odio nesciunt,
    deleniti praesentium. Exercitationem vitae facere beatae excepturi officiis
    aliquam ratione maiores porro ut temporibus ipsa assumenda, nulla voluptas
    praesentium nostrum. Quia placeat, nobis dicta dolor sit officia,
    necessitatibus quod suscipit nemo fugiat itaque porro. Placeat, rerum.
    <h2 class="title-break">Lorem, ipsum dolor.</h2>

    Architecto corporis voluptatem consectetur! Excepturi, ex fugiat minus
    doloribus commodi est nemo molestiae? Pariatur magni doloremque a expedita
    nisi facere quis odio aliquid amet ut illum eligendi sit, omnis qui
    voluptate. Enim asperiores laborum quibusdam reiciendis quasi rerum totam.
    Laudantium totam quia, illo voluptatem praesentium est magnam beatae numquam
    maxime ipsa eius ipsum corrupti! Amet quasi facilis praesentium sunt earum
    incidunt deleniti odit, delectus vitae quod placeat nisi possimus itaque
    omnis id vel ullam asperiores voluptatibus aspernatur iure. Suscipit
    corporis sequi asperiores modi eum quia harum fuga quam illo adipisci
    aperiam odio, voluptatem sapiente ad. Cum dolor iste at, veniam ut
    consectetur numquam sit amet deserunt officiis aspernatur nam laborum
    temporibus voluptatum veritatis dolores sed! Quod, est, omnis nemo autem
    voluptatibus nihil tenetur quaerat, quas maiores vitae iste similique
    voluptates excepturi fuga. Facilis explicabo atque ea tempora libero,
    repellat est adipisci delectus laboriosam perferendis ut numquam, a
    repudiandae blanditiis neque. Et laudantium minima suscipit illo deserunt
    provident labore voluptatem natus, ut quam quasi deleniti, expedita
    veritatis, doloremque nisi. Hic nostrum libero molestiae corrupti?
  </p>
</div>
```

column

Always insert a column-break before the element

```css
.title-break {
  background-color: darkviolet;
  color: white;
  font-size: 24px;
  break-before: column;
}
```

```
16  .title-break {
17    background-color: darkviolet;
18    color: white;
19    font-size: 24px;
20    break-before: column;
21  }
```

Conclusion

Congratulations! You have completed the book "CSS Multi-Column Layout". Now you have a comprehensive understanding of the powerful CSS Multi-Column layout. Remember that learning is an ongoing process. Practice makes perfect — build your own projects, experiment with the features you learn, and delve into the extensive online resources.

Thank you for joining me in my exploration of CSS Multi-Column layout. I wish you the best of luck on your programming journey. Have fun programming and good luck with your applications!

Media Attributions

Modern annual report magazine page flyer a company
catalog
Image by starline on Freepik

Realistic Mockup Newspapers Set
Image by macrovector on Freepik

Don't miss out!

Receive an email when Abdelfattah Ragab publishes a new book. It's free and without obligation.

Also by Abdelfattah Ragab

◇ CSS Grid Layout

◇ CSS Flexbox Layout

◇ Angular for Beginners

◇ Angular Reactive Forms

◇ React Portfolio App Development

About the Author

Abdelfattah Ragab is a professional software developer with more than 20 years of experience. https://abdelfattah-ragab.com

About the Publisher

Abdelfattah Ragab is a highly qualified and experienced software developer with over 20 years of experience in the industry. Specializing in front-end development, Abdelfattah Ragab has a deep understanding of Angular, JavaScript, TypeScript, HTML and CSS. Read more at https://abdelfattah-ragab.com